Vorhang auf!

Ein Blick hinter die Kulissen der Oper

MIDAS

Ahh, da bist du ja.
Willkommen! Ich bin Figaro,
die Hauskatze am Royal Opera House,
dem berühmten Opernhaus in London. Ich
nehme dich mit auf eine geheime Entdeckungstour
durch dieses großartige Theater. Dabei triffst du all
die Leute, die im Verborgenen arbeiten, um unsere
Ballett- und Opernaufführungen zum Leben zu erwecken.
Du kannst sogar zuschauen, wie sich die Darstellerinnen
und Darsteller heute Abend auf die Aufführung des
Balletts *Der Nussknacker* vorbereiten.
Gleich geht es los!

Vorhang auf!

Ein Blick hinter die Kulissen der Oper

Illustriert von Lauren O'Hara

Inhalt

Wir legen los.
Komm mit!

Kostümwerkstatt

Deine Entdeckungstour, der Besuch hinter der Bühne, beginnt hier! Die Premiere von *Der Nussknacker* steht bevor und die Kostümabteilung hat fleißig 630 Kostüme genäht. Einige Kostüme wurden von älteren Aufführungen übernommen und nur leicht geändert, andere wurden von Grund auf neu angefertigt. Jedes Kostüm muss sorgfältig an den Körper der Darstellerin oder des Darstellers angepasst werden – wenn es zu eng ist, könnte das Singen oder Tanzen schwierig werden. Bei einem der Mäusekostüme scheint der Schwanz etwas locker zu sein. Zum Glück kann das Kostümteam das in letzter Minute noch ausbessern.

Für ein klassisches Tutu – wie das der Zuckerfee im zweiten Akt von *Der Nussknacke*r – braucht man 60 m steifen Tüll. Dieses Tutu besteht aus neun (oder mehr) Lagen (plus einem Oberrock). Die Lagen werden durch elastische Fäden zusammengehalten, die verhindern, dass das Tutu auseinanderfällt, wenn sich die Tänzerin auf der Bühne bewegt.

In den letzten 30 Minuten, bevor sich der Vorhang hebt, müssen die Garderobiere dafür sorgen, dass die Kostüme für den Umzug auf die Seitenbühne bereit sind. Manchmal haben die Tänzerinnen nur 45 Sekunden Zeit, um ein Kostüm zu wechseln, aber zum Glück helfen ihnen die Garderobiere.

Das romantische Tutu ist viel länger und weicher und wird von den Schneeflocken in *Der Nussknacker* getragen. Es besteht aus etwa 23 m Tüll, der in sieben Lagen geschnitten ist. Die unterste Lage ist die steifste, darüber liegen feinere und geschmeidigere Lagen. Das romantische Tutu ist besonders leicht und umspielt die Beine der Tänzerin bei jeder Bewegung.

Perücken und Hüte

Hier arbeiten die Perückenmacherinnen und Perückenmacher und schaffen erstaunliche Frisuren! Eine Perücke kann die Rolle einer Tänzerin oder eines Opernsängers betonen. Da ist zum Beispiel die Perücke der Zuckerfee: Sie ist mit buntem Glitzer bestreut und funkelt im Licht der Bühne, wenn sie ihren *Pas de deux* tanzt. Das Perückenteam kreiert jedes Jahr mehr als 3.000 neue Perücken und kümmert sich auch um die mehr als 100.000 Perücken, die bereits in der Kollektion sind. Sie fertigen auch Hüte, Schmuck und Diademe an, um den Outfits der Darsteller den letzten Schliff zu geben.

Sechs bis acht Wochen vor Beginn einer Show fertigt das Perückenteam einen Abdruck des Kopfes eines Künstlers an, damit die Perücke in der richtigen Größe und Form hergestellt werden kann. Die Perücke sitzt auf einem runden »Perückenblock«, damit sie ihre Form behält. Die Herstellung jeder Perücke dauert über eine Woche.

Nach der Produktion werden die Perücken sorgfältig gebürstet, shampooniert und frisiert, bevor sie mit Lockenwicklern in Form gebracht werden. Die Lockenwickler helfen dabei, das Haar lockig zu machen und es in verschiedene Formen zu bringen.

Woraus bestehen Perücken?

Die meisten Perücken werden aus Echthaar hergestellt. Asiatisches Haar wird für Perücken mit sehr langem Haar verwendet. Naturblonde oder weiße Perücken werden aus europäischem Haar gemacht. Perücken mit hohen, komplizierten Schnitten werden nicht aus Echthaar, sondern aus Yakhaar hergestellt.

Die Herzkönigin aus *Alice im Wunderland* hat eine leuchtend rote Perücke in Herzform.

Carabosse, die verrückte Feenkönigin aus *Dornröschen*, hat eine Perücke aus schwarzen Ringellöckchen mit zwei spitzen Hörnern.

Der verrückte Hutmacher trägt einen leuchtend grünen Zylinder und eine pinkfarbene Perücke.

Die Perücke des weißen Kaninchens hat die Form von zwei Hasenohren.

Die Königin der Nacht aus *Die Zauberflöte* trägt eine aufwendige schwarze Perücke mit Drahtkrone. Ihr schwarzer Schleier ist mit Kristallen dekoriert, die wie Sterne am Nachthimmel funkeln.

Bühnenschmuck wird aus günstigen Metallen, Steinen, Perlen und Draht gefertigt. Clara, die Heldin aus *Der Nussknacker*, trägt eine Kette aus Perlen-Imitaten.

Ballettschuhe

Schau dir all diese Schuhe an! Es gibt keine Ballettaufführung ohne Ballettschuhe. Schließlich hätte Aschenputtel den Weg zum Ball nicht barfuß gefunden! In diesem Raum werden Pantoffeln, Stiefel, Spitzenschuhe und sonstige für spezielle Rollen hergestellte Schuhe aufbewahrt. Eine Ballettkompanie kann bis zu 7.000 Paar pro Jahr verbrauchen! Spitzenschuhe aus Satin gibt es in Rosa- und Brauntönen. Jedes Paar muss speziell für die Füße der Tänzerin oder des Tänzers angefertigt werden. Eine Primaballerina kann ein Paar Spitzenschuhe in einem einzigen Auftritt abnutzen.

Warum Spitzenschuhe für Spitzentanz?

Spitzenschuhe ermöglichen es den Balletttänzerinnen, auf den Zehenspitzen zu stehen. Professionelle Tänzerinnen trainieren bis zu 10 Jahre lang, um auf den Spitzen tanzen zu können.

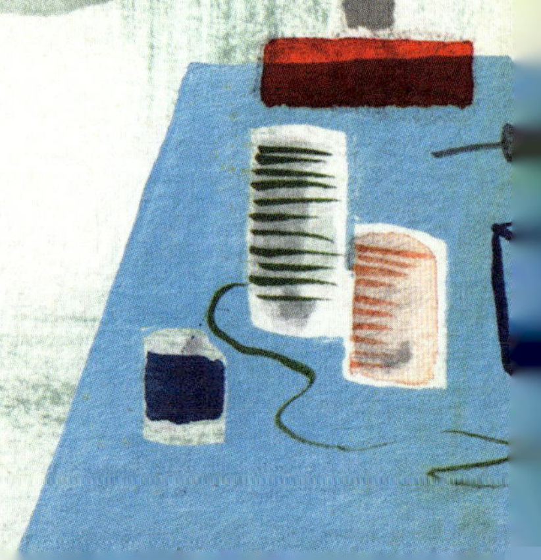

Männliche Balletttänzer müssen in ihren Schuhen große Sprünge machen können. Sie tragen Ballettschuhe oder spezielle Ballettstiefel aus weichem Leder oder Segeltuch. Manchmal tragen sie jedoch auch Spitzenschuhe, um komische Rollen zu spielen.

Sobald eine Tänzerin ein neues Paar Spitzenschuhe bekommt, müssen sie an ihre individuellen Bedürfnisse angepasst werden. Neue Schuhe sind sehr hart und steif, sodass der Zehenbereich, die »Box«, aufgeweicht und die Ledersohle aufgebrochen werden muss, damit die Tänzerinnen die Füße bewegen können. Oft nähen sie Satin- und Gummibänder an ihre Schuhe, damit sie nicht verrutschen.

Bei der Herstellung eines Spitzenschuhs werden zunächst Lagen von Segeltuch und Leim um den Zehenbereich einer fußförmigen Form gewickelt, die das Gehäuse (die »Box«) bildet. Dieses stützt den Fuß der Tänzerin, wenn sie auf den Zehen steht. Anschließend wird der Schuh in einem Ofen gehärtet und mit Satin überzogen. An der Unterseite wird eine Ledersohle angebracht. Jede Werkstatt stellt die Schuhe auf eine andere Weise her, und die meisten Tänzerinnen und Tänzer arbeiten während ihrer gesamten Karriere mit demselben Schuhmacher oder derselben Schuhmacherin.

Kulissenbau

Schauen wir in der Kulissenabteilung vorbei, wo das Team gerade einen 9 m hohen Weihnachtsbaum für die heutige Aufführung geschmückt hat. Er ist mit über 100 funkelnden Kerzen und 200 glänzenden Äpfeln geschmückt. Die meisten großen Bühnenbilder werden in einem großen Lagerhaus vormontiert, bevor sie mit einem Lastwagen zum Opernhaus transportiert werden. Für die Aufführung von Wagners »*Ring*-Zyklus« waren 21 Lastwagen nötig, um alle Bühnenbilder und Kulissen anzuliefern!

Die **Bühnenbildner** beginnen mit einem kleinen 3D-Modell des Bühnenbilds. Dies hilft ihnen, zu überlegen, wie sie das Bühnenbild bauen werden, welche Materialien sie verwenden und wie sich die Darsteller im Raum bewegen (sie bauen auch winzige Modelldarsteller!). Für das Ballett *Don Quixote* hat der Bühnenbildner sogar kleine Modellkarren angefertigt, um herauszufinden, wie die Tänzerinnen sie auf die Bühne und wieder hinunter schieben würden.

Die Aufgabe der **Produktionsassistentinnen und -assistenten** ist es, die verschiedenen Teile des 3D-Modells zu zeichnen. Die Zeichnungen werden dann an die Bühnenbildner weitergegeben, die das Bühnenbild aus Holz oder Metall anfertigen.

Alle Kulissen werden sorgfältig von Hand bemalt. Für die *Schwanensee*-Kulisse malte die Künstlerin zuerst eine kleine Version der Szene, 1/25 der Originalgröße. Dieses Bild teilte sie dann in Raster und fertigte den Hintergrund, indem sie jedes Quadrat einzeln malte – nur eben viel größer.

Bühnenbildner müssen an alles denken, von Gebäuden und Hintergrundbildern bis zu Pflanzen und Bäumen. Für die Oper *Turandot* schufen sie eine wunderschöne chinesische Pagode. Für das Ballett *The Winter's Tale (Das Wintermärchen)* bauten sie einen riesigen Wunschbaum mit Ästen voller Bänder und Juwelen. Dieser riesige Fliegenpilz wurde für das Ballett *Alice im Wunderland* gebaut.

Requisitenkammer

Hier gibt es allerlei erstaunliche Gegenstände, von geheimnisvollen Masken und Instrumenten bis hin zu riesigen Schlangen. Jeder Gegenstand, der auf der Bühne erscheint, wird in der Requisitenabteilung aus Materialien wie Pappmaché, Gummi oder Plastik hergestellt. Die Requisiten sehen sehr realistisch aus und tragen dazu bei, die Bühne geheimnisvoll und mit überraschenden Effekten zu gestalten. In der heutigen Vorstellung ist eine riesige mechanische Eule zu sehen. Wenn sie mit den Flügeln schlägt, erscheint die Figur des Drosselmeyer auf magische Weise aus einer hinter dem Vogel verborgenen Geheimtür.

Für das Ballett *La Fille mal gardée (Die schlecht behütete Tochter)*, das auf einem Bauernhof spielt, mussten die Requisiteure Masken für die Darstellerinnen herstellen, die die tanzenden Hühner spielten. In *Der Nussknacker* wurde die Armee der Mäuse durch clevere Requisiten zum Leben erweckt.

Manchmal müssen die Tänzerinnen und Tänzer die Requisiten während der Vorstellung benutzen. Dazu müssen die Requisiten stabil sein, dennoch aber leicht. In *Dornröschen* tanzt das Ballett mit einer Girlande, in der Blüten eingewoben sind. In *Don Quixote* tanzt die Figur Kitri ein Solo mit einem wunderschönen Fächer.

Wenn die Tiere auf der Bühne ab und zu sehr echt aussehen, dann liegt das wahrscheinlich daran, dass sie es auch sind! In einer Inszenierung der Oper *Carmen* am Royal Opera House waren ein lebendes Pferd und ein Esel zu sehen. In einem Ballett traten zwei weiße Tauben auf.

In der Oper *Die Zauberflöte* ist die Flöte natürlich eines der wichtigsten Requisiten. Die Requisitenabteilung stellt häufig Instrumente her, z. B. Tamburins für den neapolitanischen Tanz in *Schwanensee* oder Rohrpfeifen für den zweiten Akt von *Der Nussknacker*.

Marionetten, mit denen die Tänzer auf der Bühne interagieren müssen, sind kompliziert herzustellen. Die riesige Katze in *Alice im Wunderland* nahm ihren Anfang als kleines Papiermodell. Als Nächstes bauten die Bühnenbildner eine Art Schablone in echter Größe, mit der die Tänzer dann probten, während die eigentliche Katze gebaut wurde.

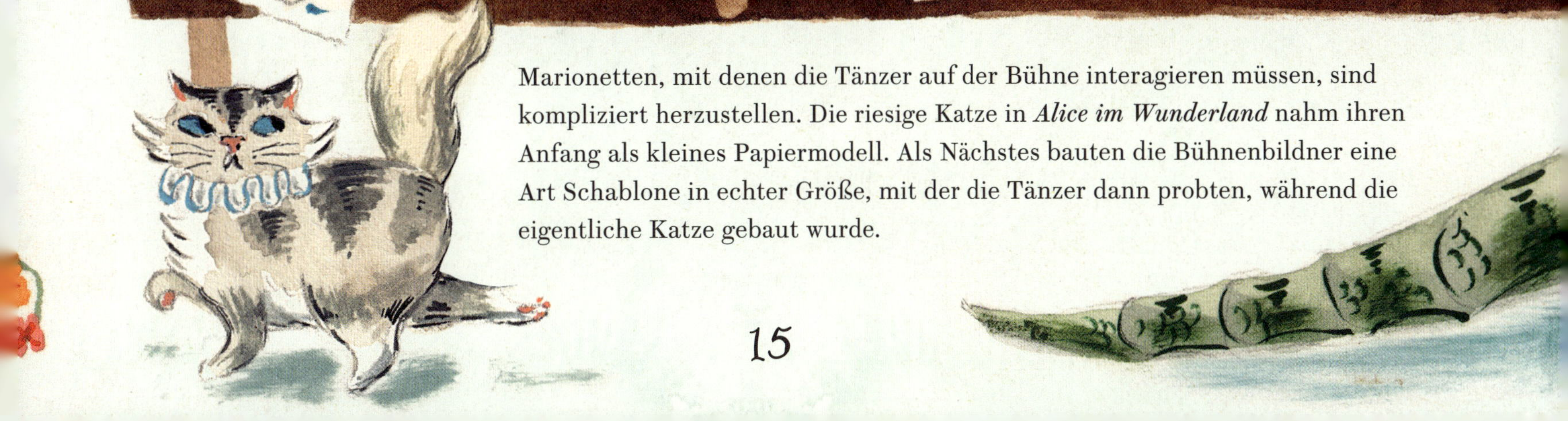

Waffenkammer

Pass besser auf, wo du in diesem Raum stehst – es gibt einige scharfe Spitzen! In der Waffenkammer werden alle Waffen für die Aufführungen hergestellt. Hier gibt es alles, von Armbrust- und Schwertimitationen bis hin zu Halftern und Pistolen. Sogar Rüstungen werden hier angefertigt! Alle Waffen werden sicher in einer verschließbaren Kiste aufbewahrt. Kannst du sie dort drüben erkennen? Sie enthält die Schwerter und Gewehre für die Spielzeugsoldaten und Mäuse des *Nussknackers*. Die Waffen werden jedem Darsteller ausgehändigt, bevor er die Bühne betritt. Danach müssen sie sie sofort wieder zurückbringen.

In der heutigen Aufführung kommt es zu einem dramatischen Kampf zwischen dem Mäusekönig und dem Nussknacker. Am Ende des Kampfes muss sich der Tänzer, der den besiegten Mäusekönig spielt, auf der Bühne »tot stellen«. Er bleibt ganz still liegen und atmet nur flach, was das Publikum nicht sehen kann. Wenn die Geschichte für eine Figur ein blutiges Ende nimmt, kann sie sich mit Kunstblut aus der Maskenbildnerei bespritzen.

Bühnenkampf nach »Twyla«

Die Tänzer erlernen eine Serie von Schwertbewegungen, um sich auf der Bühne nicht gegenseitig zu verletzen. Im Bühnenkampf der Choreografin Twyla Tharp gibt es acht Positionen, in denen sich der Schwertarm nach links und rechts, oben und unten bewegt. Die Tänzer rufen das Bewegungsmuster im Geiste für sich mit, während sie kämpfen: hoch, hoch, runter, hoch, runter, runter, hoch, runter. Dabei müssen sie sich konzentrieren. Wenn sich jemand zu sehr mitreißen lässt, wird es gefährlich.

Im Ballett *Romeo und Julia* müssen alle männlichen Tänzer den Schwertkampf erlernen, denn die Metallschwerter, die sie benutzen, müssen fachmännisch gehandhabt werden. Die Kampfszenen sehen für das Publikum schnell und wild aus, aber sie sind sorgfältig choreografiert. Die Darsteller lernen jede Bewegung und proben den Schwertkampf parallel zu den Tänzen des Balletts.

Ballettsaal

Wirf einen kurzen Blick in dieses Saal. Es sind nur noch 20 Minuten, bis der Vorhang aufgeht, und die Stars der Show treffen ihre letzten Vorbereitungen für die heutige Aufführung. Balletttänzer müssen unglaublich fit für ihren Beruf sein. Alle Akteure hier haben bereits den ganzen Tag getanzt. Selbst die erfahrensten Tänzer haben morgens ein 90-minütiges Training, um ihre Muskeln aufzuwärmen. Danach probt die Kompanie zwei bis drei verschiedene Ballette, dazwischen gibt es Mittagessen, Anproben bei den Kostümbildnern sowie Kostümproben!

Eine Ballettkompanie besteht aus mehreren Rängen von Tänzerinnen und Tänzern. Neu hinzukommende Mitglieder aus Ballettschulen treten in das ***Corps de ballet*** einer Kompanie ein. Sie führen Gruppenchoreografien innerhalb eines Balletts aus, wie zum Beispiel die Schwäne in *Schwanensee*. Nach und nach übernehmen die Tänzerinnen und Tänzer Solopartien bis hin zu Hauptrollen. Die verschiedenen Kompanien haben unterschiedliche Ränge: z. B. Tänzer, Erste Tänzerin, Solist, Erste Solistin, Ballerina und Primaballerina.

Der **Stager** ist dafür verantwortlich, den Tänzerinnen und Tänzern die Choreografie für ein bestimmtes Stück beizubringen. Normalerweise kennen sie das Stück sehr gut und haben es in der Vergangenheit selbst aufgeführt.

Die **Répétiteurs** sind dafür zuständig, die Tänzerinnen und Tänzer auf das Ballett vorzubereiten, das sie aufführen werden. Während der Proben machen sie sich Notizen zu den Schritten, die der Choreograf vorführt.

Die **Choreografinnen und Choreografen** kreieren und arrangieren die Tänze des Balletts.

»Hall of Fame« der Kostüme

Nun weiter zu den Garderoben, wo du eine Ausstellung berühmter Kostüme aus verschiedenen Opern und Balletts siehst. Einige der Kostüme sind über 20 Jahre alt und werden auch heute noch bei Aufführungen getragen! Sie sind sehr empfindlich und müssen nach dem Tragen sorgfältig überprüft werden. Die Kostüme für die Zuckerfee und den Prinzen sind mit mehr als 500 winzigen Pailletten und bunten Steinen bestickt.

Prinzessin Turandots Kostüm aus der Oper *Turandot*
Dieses Outfit wurde 1963 von dem berühmten Kostümbildner und Fotografen Cecil Beaton entworfen. Jedes Teil, vom Kragen bis zur Mantelspitze, ist mit Applikationen verziert. Es wäre sehr schwer zu tragen gewesen.

Die Informationen zu den einzelnen Kostümen werden in einer Kostümbibel aufbewahrt. Sie enthält den Namen der Kostümbildnerin oder des Kostümbildners, die Originalentwürfe, die verwendeten Materialien und Hinweise zu Reparaturen. Alle Kostüme werden jedes Jahr je nach Bedarf angepasst und aufgefrischt, damit sie so gut wie neu aussehen. Hast du gewusst, dass es hier einen ganzen Raum nur für das Färben von Stoffen gibt?

Im Inneren eines Kostüms wird ein Etikett angebracht mit dem Namen der Aufführung, der Rolle und jedem Darsteller, der es im Laufe der Geschichte getragen hat.

Odettes und Odiles Tutus aus dem Ballett *Schwanensee* Die Rollen der Schwanenprinzessin Odette und des schwarzen Schwans Odile werden von derselben Primaballerina getanzt.

Violettas Kleid aus der Oper *La traviata*
Violettas zartes weißes Kleid wird seit 25 Jahren bei Aufführungen von *La traviata* getragen. Die Kostümbildnerinnen haben es sehr sorgfältig ausgebessert und dafür gesorgt, dass es möglichst nah am Originalkleid bleibt.

Kostüme für den Feuervogel und Prinz Iwan aus dem Ballett *Der Feuervogel* Die Tunika von Prinz Iwan ist aus rotem und weißem Taft gefertigt und mit Goldborten verziert. Das aufwendige Tutu des Feuervogels hat mehrere Lagen von gelbem, orange- und rosafarbenem Tüll. Die oberste Lage besteht aus orangefarbenen und gelben Bändern und Federn sowie flammenförmigen Zungen aus rotem, orangefarbenem und gelbem Satin, die mit goldener Borte eingefasst sind.

Probenräume

Hörst du das? Obwohl es sich bei der heutigen Aufführung um ein Ballett handelt, proben Solisten, Chöre und die »Youth Opera Company« auf der anderen Seite des Gebäudes gerade für alle möglichen Konzerte. Mindestens einen Monat lang proben die Sängerinnen und Sänger fast jeden Tag. Um Opernsänger zu werden, braucht man eine Menge Training und viel Disziplin. Man muss nicht nur eine perfekte Gesangstechnik, eine gute Bühnenpräsenz und große schauspielerische Fähigkeiten haben, sondern auch viele Sprachen beherrschen!

Opernsänger müssen auf ihre Stimmbänder achten, so wie ein Sportler auf seinen Körper. Sie trinken zwei bis drei Liter Wasser pro Tag, um hydriert zu bleiben. Wenn ein Sänger das Gefühl hat, dass sich seine Stimme erholen muss, verbringt er einige Zeit in der »Stimmpause« – das bedeutet 48 Stunden absolute Stille!

Die Leute in diesem Raum proben gerade das »Toreador-Lied« aus *Carmen*. Das Lied wird von Escamillo gesungen, der von einer Gruppe von Sängern, dem Chor, begleitet wird. Die Rolle des Escamillo wird von einem Bassbariton gespielt.

Opern werden in vielen verschiedenen Sprachen aufgeführt, wie Italienisch, Französisch, Deutsch, Russisch und Tschechisch. Die Solisten und der Chor proben mit einer Sprachlehrerin, um sicherzustellen, dass ihre Aussprache perfekt ist. Zum Glück muss das Publikum nicht alle diese Sprachen verstehen.

In einer einzigen Woche tritt der Chor oft in zwei oder drei verschiedenen Aufführungen auf. Außerdem proben sie tagsüber ein oder zwei andere Produktionen und lernen die Musik für mehrere andere Opern. Das ist eine Menge Musik, die man sich merken muss!

Viele denken, dass Wagners *Ring*-Zyklus die schwierigste Oper ist, die man aufführen kann. Er besteht aus vier Opern, deren Aufführung über 15 Stunden dauert! Zu den Figuren gehören Wotan, der König der Götter, seine Tochter, die mächtige Kriegerin Brünnhilde, und der Drache Fafner.

Jeder Mensch kann einen unterschiedlichen Bereich von hohen und tiefen Tönen singen. Die sechs Stimmlagen von der tiefsten bis zur höchsten sind: Bass, Bariton, Tenor, Alt, Mezzosopran und Sopran. In der Oper *Hänsel und Gretel* wird die Rolle des Hänsel von einem weiblichen Mezzosopran gesungen und die böse Hexe von einem männlichen Tenor.

Diese Sopranistin bereitet sich auf ihre Rolle als Königin der Nacht in der *Zauberflöte* vor. Sie probt gerade eine Arie. Bei einer Arie wird die Handlung der Geschichte unterbrochen, während die Figur ein Solostück für das Publikum singt.

Garderobe

15 Minuten vor Beginn der Vorstellung befinden sich die Darsteller in ihren Garderoben, um ihren Frisuren und ihrem Make-up den letzten Schliff zu geben. Jede Darstellerin hat ihren eigenen Raum, in dem sie ihr Make-up, ihre Haarnadeln und Bürsten aufbewahrt und ihre Kostüme und Ballettschuhe sorgfältig auslegt. Die Darsteller schmücken ihre Räume mit Fotos und Glücksbringern. Die Garderoben sind mit Lautsprechern ausgestattet, damit die Darsteller das Einspielen des Orchesters und das Gemurmel hören können, wenn das Publikum seine Plätze einnimmt. Gleich werden sie eine Ansage hören, dass es Zeit ist, auf die Bühne zu gehen.

Jeder Schminktisch hat einen Spiegel mit spezieller Beleuchtung, die das helle Bühnenlicht imitiert. Das Publikum kann die Gesichter der Darsteller aus der Ferne nicht deutlich sehen, daher werden ihre Gesichtszüge und ihre Mimik durch das Bühnen-Make-up übertrieben dargestellt.

Wenn ein Tänzer eine künstliche Nase oder eine grausame Wunde tragen muss, ist es jetzt an der Zeit, sich zu vergewissern, dass alles richtig sitzt. Männliche Balletttänzer, die Rollen wie Kostcheï in *Der Feuervogel* oder die Herzogin in *Alice im Wunderland* tanzen, müssen viel Zeit für die Vorbereitung einplanen, denn sie tragen falsche Nasen und viel Make-up.

Jede Tänzerin und jeder Tänzer hat einen eigenen Korb, den sie vor der Aufführung zur Seitenbühne bringen. Darin bewahren sie alles auf, was sie brauchen könnten, von Blasenpflastern über Scheren bis hin zu Nagellackflaschen für Notreparaturen an Laufmaschen in ihren Strumpfhosen.

Orchestergraben

Pssst! Die Musiker sind verstummt und bereit, zu beginnen. Sie sitzen im Orchestergraben direkt unter der Bühne. Der Orchestergraben hat spezielle Wände, um eine perfekte Akustik zu schaffen – einen Klang, der laut genug ist, dass das Publikum ihn hören kann, ohne dass er zu laut für die Darsteller auf der Bühne ist. Die Musik für das heutige Ballett wurde von Peter Tschaikowski komponiert. Er komponierte auch die Musik für *Schwanensee* und *Dornröschen*. Kannst du die Dirigentin erkennen? Sie betritt den Raum als Letzte. Die Vorstellung beginnt!

Die **Dirigentin** sorgt dafür, dass alle das gleiche Tempo halten. Sie steht auf einem kleinen Podest, sodass das ganze Orchester sie sehen kann. Die **Musiker** sind in vier Gruppen eingeteilt, und die Dirigentin führt sie mit den Armen (oder manchmal mit einem Taktstock), indem sie jeder Gruppe vorgibt, wann sie anfangen und aufhören soll, wann sie leise spielen und wann sie lauter werden soll.

Blechblasinstrumente sind am lautesten, deshalb sitzen sie ganz hinten. Zu den Blechblasinstrumenten in einem Orchester gehören in der Regel die Trompete, das Horn, die Posaune und die Tuba.

Zu den größten Instrumenten im Orchester zählen die **Schlaginstrumente**. Sie helfen, den Rhythmus der Musik zu halten, und werden gespielt durch Schlagen, Schütteln, Kratzen oder Klopfen.

Die **Holzblasinstrumente** befinden sich in der Mitte des Orchesters. Diese Instrumente werden gespielt, indem die Musiker Luft durch ein Mundstück blasen und die Löcher oder Klappen des Instruments mit ihren Fingern schließen oder öffnen. Der höchste Ton wird von einer kleinen Flöte, der Piccoloflöte, erzeugt, der tiefste Ton vom Fagott.

Streichinstrumente haben einen weichen Klang und werden vorne im Orchester platziert, damit man sie gut hören kann. Die hohen Streicher, wie Geigen, Bratschen und manchmal Harfen, sitzen links vom Dirigenten. Die tieferen Celli und Kontrabässe sitzen auf der rechten Seite.

Vorhang auf!

Heute auf der Bühne

Die Inszenierung des *Nussknackers*, die heute Abend gezeigt wird, wurde vom Choreografen Sir Peter Wright geschaffen. Sie wurde 1984 im Royal Opera House uraufgeführt und ist seither eine der beliebtesten Produktionen des Royal Ballet. Es basiert auf dem Originalballett *Der Nussknacker*, das 1892 in St. Petersburg, Russland, uraufgeführt wurde. Das Ballett wurde von E.T.A. Hoffmanns Weihnachtsmärchen über das magische Abenteuer eines Mädchens inspiriert.

Die Geschichte – 1. Akt

Der Vorhang hebt sich am Weihnachtsabend bei Bürgermeister Stahlbaum, seiner Frau und ihren Kindern Clara und Fritz. Clara bekommt von ihrem Patenonkel Drosselmeyer einen Nussknacker geschenkt. Clara schleicht die Treppe hinunter, um vor dem Schlafengehen einen letzten Blick auf das Spielzeug zu werfen. Um Mitternacht geschehen plötzlich wundersame Dinge. Der ganze Raum wird größer – sogar der Weihnachtsbaum! Claras Nussknacker erwacht zum Leben. Riesige Mäuse tauchen auf und der nun mannshohe Nussknacker führt eine Armee von Spielzeugsoldaten in die Schlacht. Clara hilft dem Nussknacker, den Mäusekönig zu besiegen. Sie eilt zu dem im Kampf verletzten Nussknacker. Doch vor ihren Augen verwandelt sich der Nussknacker in einen hübschen Prinzen namens Hans-Peter!

2. Akt

Clara und der Nussknackerprinz reisen in das Königreich der Süßigkeiten, wo Drosselmeyer eine Feier für ihre Tapferkeit veranstaltet. Sie werden mit einer wunderbaren Vorführung von Tänzen aus aller Welt unterhalten. Zum Schluss führen die Zuckerfee und ihr Kavalier einen Tanz auf, bevor sie Clara und den Nussknackerprinzen auf ihrem Schlitten verabschieden. Am nächsten Morgen wacht Clara wieder zu Hause auf, aber ihre Abenteuer scheinen mehr als nur ein Traum gewesen zu sein.

Die Hauptfiguren

Clara (rechts) ist das älteste Kind von Herrn und Frau Stahlbaum. Am Weihnachtsabend bekommt sie von ihrem Patenonkel Drosselmeyer einen glänzenden Nussknacker aus Holz geschenkt. Sobald die Nacht hereinbricht, findet sie sich mitten in einem wunderbaren Abenteuer wieder!

Die **Zuckerfee** (unten) ist die Herrscherin des Königreichs der Süßigkeiten. Sie heißt Clara und Hans-Peter in ihrem Reich willkommen.

Hans-Peter (links) ist der Neffe von Drosselmeyer. Er wurde von der Mutter des bösen Mäusekönigs in einen hölzernen Nussknacker verwandelt. Sein Onkel Drosselmeyer ist auf der Suche nach jemandem, der den Bann brechen kann.

Drosselmeyer (oben) ist Claras Patenonkel. Er vertraut Clara den Nussknacker an, der für ihn etwas ganz Besonderes ist. Drosselmeyer ist der Onkel von Hans-Peter.

Der **Mäusekönig** (rechts) führt ein Heer von Mäusen an. Als er besiegt wird, ist der über den Nussknacker verhängte Bann gebrochen und Hans-Peter verwandelt sich wieder in einen jungen Mann.

Seitenbühne

Schnell, es bleibt keine Zeit zum Ausruhen, denn hinter der Bühne steht ein ganzes Team aus Darstellern, Crew, Technikern und Managern bereit, um dem Publikum eine perfekte Aufführung zu bieten. Sie alle müssen zusammenarbeiten, damit alles reibungslos abläuft. Du kannst die komplexen Abläufe beobachten, die für das Publikum nicht sichtbar sind. Die Bühne verfügt über ein spezielles Wagensystem mit beweglichen Böden, die einen Szenenwechsel während der Aufführung ermöglichen. Es gibt 21 Wagen für Opernaufführungen und sechs Wagen mit speziell gefederten Böden für Ballettaufführungen. Da soll man nicht durcheinanderkommen!

Die Aufgabe eines **Bühnenmeisters (Inspizienten)** ist es, dafür zu sorgen, dass an diesem Abend alles reibungslos abläuft. Er oder sie überprüft, ob die Bühne und alle Spezialeffekte für die Darsteller sicher sind, und kümmert sich um alle Probleme, die während der Aufführung auftreten.

Das **Hydraulikpersonal** steuert die Teile des Bühnenbilds und der Bühne, die sich auf- und abbewegen. Wenn die Figur des Drosselmeyer auf der Bühne zu schweben scheint, steht er in Wirklichkeit auf einer geheimen Plattform, die von einer Hydraulikerin oder einem Hydrauliker gesteuert wird.

Die **Regieassistentinnen und -assistenten** arbeiten in den Kulissen und sorgen dafür, dass die Requisiten bereitstehen und die Sänger oder Tänzer zum richtigen Zeitpunkt die Bühne betreten.

Die **Flug-Abteilung** ist für die Spezialeffekte zuständig. Für den *Nussknacker* steuern sie den Schneeschüttler von hoch oben im Turm und beobachten, wie die falschen Schneeflocken auf das Ballett darunter schweben.

Bei einigen Vorstellungen gibt es Feuereffekte, Explosionen oder Rauch. Diese werden vom **Pyro-Team** sorgfältig kontrolliert, das die Effekte vor der Aufführung oder in den Pausen testet. Eine Feuerwehrfrau oder ein Feuerwehrmann steht für den Notfall bereit.

Der **zweite Bühnenmeister** hat eine wichtige Aufgabe bei einer Live-Aufführung. Er oder sie folgt der Musik und gibt allen Abteilungen Anweisungen, damit alles genau im richtigen Moment passiert.

Zugabe! Wie kann ich mitmachen?

Die Aufführung ist vorbei, aber das muss noch nicht das Ende sein. Es gibt viele Möglichkeiten, sich im Ballett oder in der Oper zu engagieren. Vielleicht möchtest du Tänzer oder Sängerin werden? Oder vielleicht auch Dirigentin, Bühnenbildner oder eine Inspizientin? Was auch immer du tun möchtest, du kannst es erlernen.

Wie wäre es mit einem Ballett- oder Tanzkurs? Wenn du unbedingt Mitglied eines Balletts werden willst, ist viel Training und harte Arbeit erforderlich.

Wenn du in einem Orchester mitspielen möchtest, musst du ein Instrument lernen. Überlege dir zunächst genau, was du spielen möchtest. Warum fragst du nicht deine Schule, ob du ein oder zwei Instrumente ausprobieren kannst, bevor du dich entscheidest? Und dann üben, üben, üben!

Wenn du viel Fantasie hast und gern kreativ bist, könnte die Arbeit in der Kostümabteilung der richtige Job für dich sein. Du kannst aus alten Kleidern oder Stoffen, die du zu Hause hast, ein Outfit für deine Lieblingsfigur herstellen. Probier's aus!

In einem Jugendchor mitzumachen ist eine gute Möglichkeit, mit dem Singen anzufangen und Notenlesen zu lernen. Wenn du keinen Chor in deiner Nähe hast, frag deine Schule, ob du mit ein paar Freunden einen Chor gründen kannst.

Wenn du einem Kunstverein beitrittst, lernst du viele Techniken, die du als Requisiteurin oder Bühnenbildner einsetzen kannst. Es gibt auch viele Projekte, die man zu Hause ausprobieren kann. Wie wäre es, wenn du dein eigenes Bühnenbild aus Pappkartons baust? Oder probiere doch mal, aus Pappmaché falsche Lebensmittel herzustellen!

Glossar

Akustik
Die Eigenschaften eines Raumes, die dazu beitragen, dass man Töne gut oder schlecht hören kann.

Akt
Ein Teil einer Oper oder eines Balletts. Die meisten Opern oder Ballette haben drei Akte.

Alt
Tiefe weibliche Singstimme.

Applikation
Eine Nähtechnik, bei der kleinere Stoffstücke auf ein großes Stück Stoff aufgenäht werden, sodass ein Muster oder Design entsteht. Die Stoffstücke werden in der Regel mit Ziernähten versehen.

Arabeske
Die Arabeske ist eine Position im Ballett, bei der die Tänzerin oder der Tänzer auf einem Bein balanciert und das andere Bein hinter dem Körper ausstreckt. Beide Beine sind gerade. Die Arme werden elegant ausgestreckt.

Arie
Ein Solostück in einer Oper, das von einer Hauptfigur gesungen wird und in dem sie ihre Gedanken oder Gefühle zum Ausdruck bringt.

Bariton
Mittlere männliche Singstimme.

Bass
Tiefste männliche Singstimme.

Choreograf/in
Die Person, die die Tänze in einem Ballett zusammenstellt und sich ausdenkt.

Choreografie
Die Kunst, Tänze für eine Aufführung zu kreieren und zu arrangieren, insbesondere Tanz und Ballett.

Chor
Gruppe von Menschen, die gemeinsam singen.

Corps de ballet
Die Mitglieder einer Ballettkompanie, die als Gruppe auftreten und keine Solopartien haben.

Développé
Die sanfte, allmähliche Bewegung des Beins. Die Tänzerin oder der Tänzer hebt den Oberschenkel mit gebeugtem Knie zur Seite und streckt dann das Bein nach vorne, zur Seite oder nach hinten.

Flugturm
Ein System zum Bewegen von Kulissen und Ausrüstung. Der Flugturm am Royal Opera House ist 37 m hoch.

Jeté
Ein Sprung, bei dem eine Tänzerin oder ein Tänzer von einem Fuß abhebt und auf dem anderen Fuß landet. Das springende Bein wird in der Luft nach vorne oder zur Seite gestreckt.

Kavalier
Der männliche Tänzer, der der Partner der Ballerina ist.

Komponist/in
Person, die sich Musik ausdenkt.

Leinwand
Starkes grobes Gewebe.

Maquette
Verkleinertes Modell oder Entwurf einer Skulptur oder Puppe.

Mezzosopran
Mittlere weibliche Singstimme.

Pappmâché
Ein leichtes, stabiles Material aus Papierstücken gemischt mit Leim.

Prothesen
Eine Art von Make-up, bei der flexibles Material auf das Gesicht oder den Körper einer Person aufgetragen wird, um ihr Aussehen zu verändern.

Publikum
Menschen, die ein Konzert, ein Ballett oder eine Filmvorführung besuchen

Satin
Glattes, glänzendes Material.

Sopran
Höchste weibliche Singstimme.

Spitze
Eine Ballettposition, bei der die Tänzerin auf den Zehen ihrer Schuhe balanciert.

Stichwort
Ein Signal für einen Darsteller, die Bühne zu betreten oder mit seinem Auftritt zu beginnen, oder für ein Crewmitglied, sich bereit zu machen, um eine seiner Aufgaben während der Aufführung auszuführen.

Pas de deux
Ein Tanz für zwei Personen, normalerweise für einen Mann und eine Frau.

Pause
Unterbrechung zwischen den Teilen einer Vorstellung, in der das Publikum seine Plätze verlassen kann.

Plié
Beugung der Knie mit nach außen gedrehten Hüften, Beinen und Füßen.

Stickerei
Die Kunst, Material oder Stoff mit Mustern zu verzieren, die mit Nadel und Faden erstellt werden.

Übertitel
Text, der über der Bühne angezeigt wird und die gesungene oder gesprochene Sprache in die Landessprache übersetzt.

Taft
Glänzendes, steifes Material.

Taktstock
Dünner Stab, der von der Dirigentin oder dem Dirigenten benutzt wird, um das Orchester oder den Chor zu dirigieren.

Tempo
Geschwindigkeit, mit der die Musik gespielt werden sollte.

Tenor
Höchste männliche Singstimme.

Tüll
Feiner, leichter Netzstoff, der häufig in Ballettkostümen verwendet wird.

Tutu
Der mehrlagige Rock, der von einer Balletttänzerin getragen wird. Ein klassisches Tutu ist kurz und steif, um die Beine der Tänzerin zu zeigen. Ein romantisches Tutu ist weicher und fällt bis unter die Wade.

Wagen
Eine große, fahrbare Plattform oder ein Boden, der von der Crew auf der Bühne bewegt werden kann. Das Wagensystem am Royal Opera House ermöglicht Szenenwechsel durch die Crew in nur 40 Sekunden.

Zuschauerraum
Dort sitzt das Publikum.

Es wurden alle Anstrengungen unternommen, um die Inhaber der Urheberrechte für die Produktionen ausfindig zu machen, von denen wir uns bei der Illustration dieses Buches haben inspirieren lassen. Wir möchten den folgenden Rechteinhabern unseren besonderen Dank aussprechen:
Sir Roy Strong; Bob Crowley; Christopher Wheeldon; The National Portrait Gallery; Clare Hastings.

Quellen

Illustrationen aus *Alice's Adventures in Wonderland*: Christopher Wheeldon OBE, Bob Crowley.
Illustrationen aus *The Nutcracker*: Sir Roy Strong, Sir Peter Wright CBE.
Illustrationen von Kostümdesigns von Sir Osbert Lancaster mit freundlicher Genehmigung von Clare Hastings.
Kostümdesigns für *Turandot* von Cecil Beaton. Pen and ink, vermutlich frühe 1960er © National Portrait Gallery, London.

Vorhang auf!

© 2024
Midas Verlag AG

ISBN 978-3-03876-311-6
1. Auflage 2024

Übersetzung: Claudia Koch
Lektorat: Sabine Müthing
Layout: Ulrich Borstelmann

Midas Verlag AG
Dunantstrasse 3, CH-8044 Zürich
E-Mail: kontakt@midas.ch
www.midas.ch

Englische Originalausgabe:
»Curtain Up!« © Thames & Hudson 2022
Illustrationen © Lauren O'Hara 2022

Printed in China

Die deutsche Nationalbibliothek verzeichnet diese Publikation in der Deutschen Nationalbibliografie; detaillierte bibliografische Daten sind im Internet unter www.dnb.de abrufbar.